Lecturas ELI Infantiles y Juveniles

Jane Cadwallader

Tío Manuel y el árbol Bakonzi

Ilustraciones de Gustavo Mazali

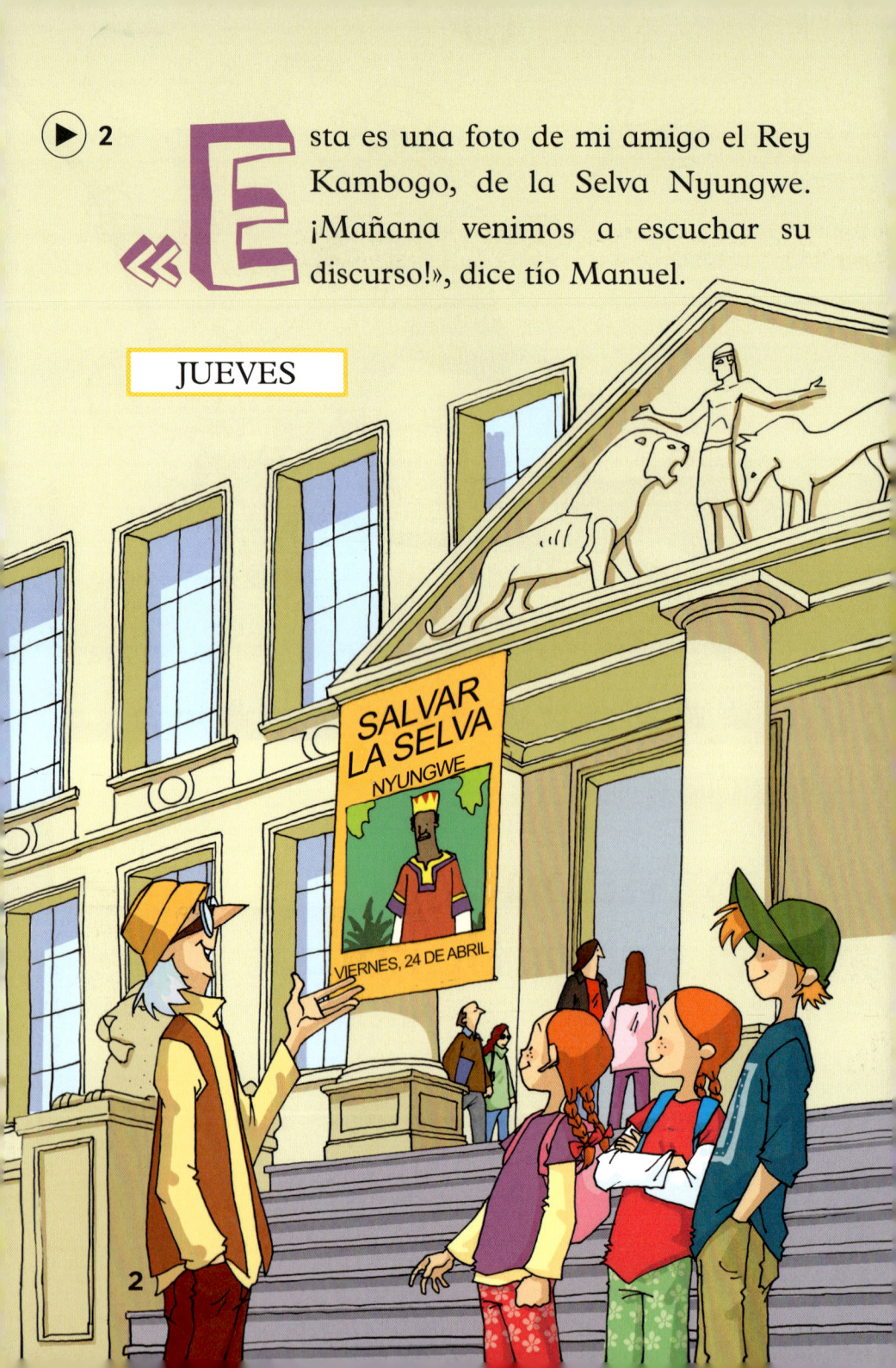

▶ 2 «Esta es una foto de mi amigo el Rey Kambogo, de la Selva Nyungwe. ¡Mañana venimos a escuchar su discurso!», dice tío Manuel.

JUEVES

VIERNES

El Rey Kambogo habla a la gente de la Selva Nyungwe y de los aminales que viven en ella.

Después les habla de unos hombres malvados que quieren cortar la selva para plantar té. Mucha gente dice: «¡Tenemos que ayudar a salvar la selva!». Pero hay dos hombres que escuchan al Rey Kambogo.

¡Tienen malas intenciones! Uno de ellos dice «¡Tenemos que detener al Rey Kambogo!», y el otro contesta «Va a tener un terrible dolor de barriga con esta medicina. Así no va a poder hablar a la gente de la Selva Nyungwe.
¡Y así nosotros podemos cortar la selva para plantar té!».

La semana siguiente tío Manuel recibe una carta. Es del Rey Kambogo. «¡El Rey Kambogo está en el hospital!» dice tío Manuel.

Querido tío Manuel:
Estoy en el Hospital Central.
¡Me duele mucho la barriga!
Por favor, necesito tu ayuda.
Tu amigo,
Rey Kambogo

Esa misma tarde tío Manuel va a visitar al Rey Kambogo. ¡El Rey Kambogo está muy enfermo! «Estoy fatal», dice. «Hoy vienen unas personas de la televisión para hablar de la selva Nyungwe, pero yo no puedo hablar. Estoy demasiado débil». Los hombres malvados están detrás de las cortinas «¡Ja, ja!» piensan, «¡nuestro plan funciona!».

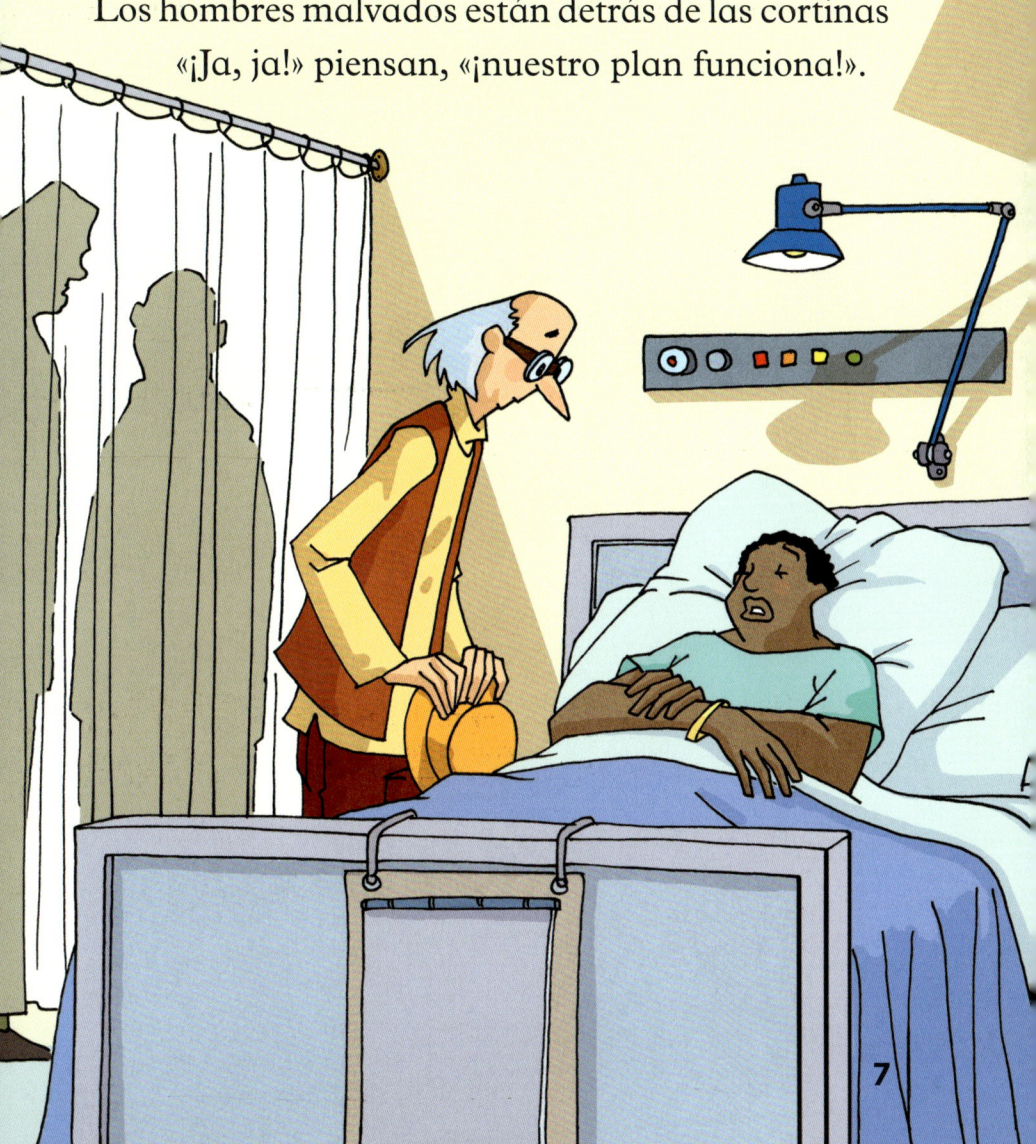

«Necesito un favor. Tienes que ir a la Selva Nyungwe para cortar un trozo de corteza del árbol Umusurirabakonzi. Solo esta medicina puede curarme», dice el Rey Kambogo. Tío Manuel escucha con atención, pero los hombres malvados también escuchan. «Tenemos que encontrar este árbol antes que tío Manuel», dicen los hombres malvados en voz muy baja. «Así tío Manuel no puede traer la corteza al Rey Kambogo».

Tío Manuel prepara lo que necesita: un mapa, unos bocadillos, una piña y café. ¡Los niños también quieren ir con él! Pero su perro, Gruñón, no quiere ir... ah, no: ¡tiene que ir, tío Manuel y los niños necesitan su ayuda!
Tío Manuel anuncia: «Nos vamos a África. Buscamos un árbol Umusurirabakonzi».
«¿UN QUÉ? » pregunta Dina. «Vale, lo llamamos simplemente árbol Bakonzi» dice Dana.
«De acuerdo» dice tío Manuel riendo.

«Bien… el árbol Bakonzi está en la Selva Nyungwe, la Selva Nyungwe está en Ruanda y Ruanda está en África», dice tío Manuel.

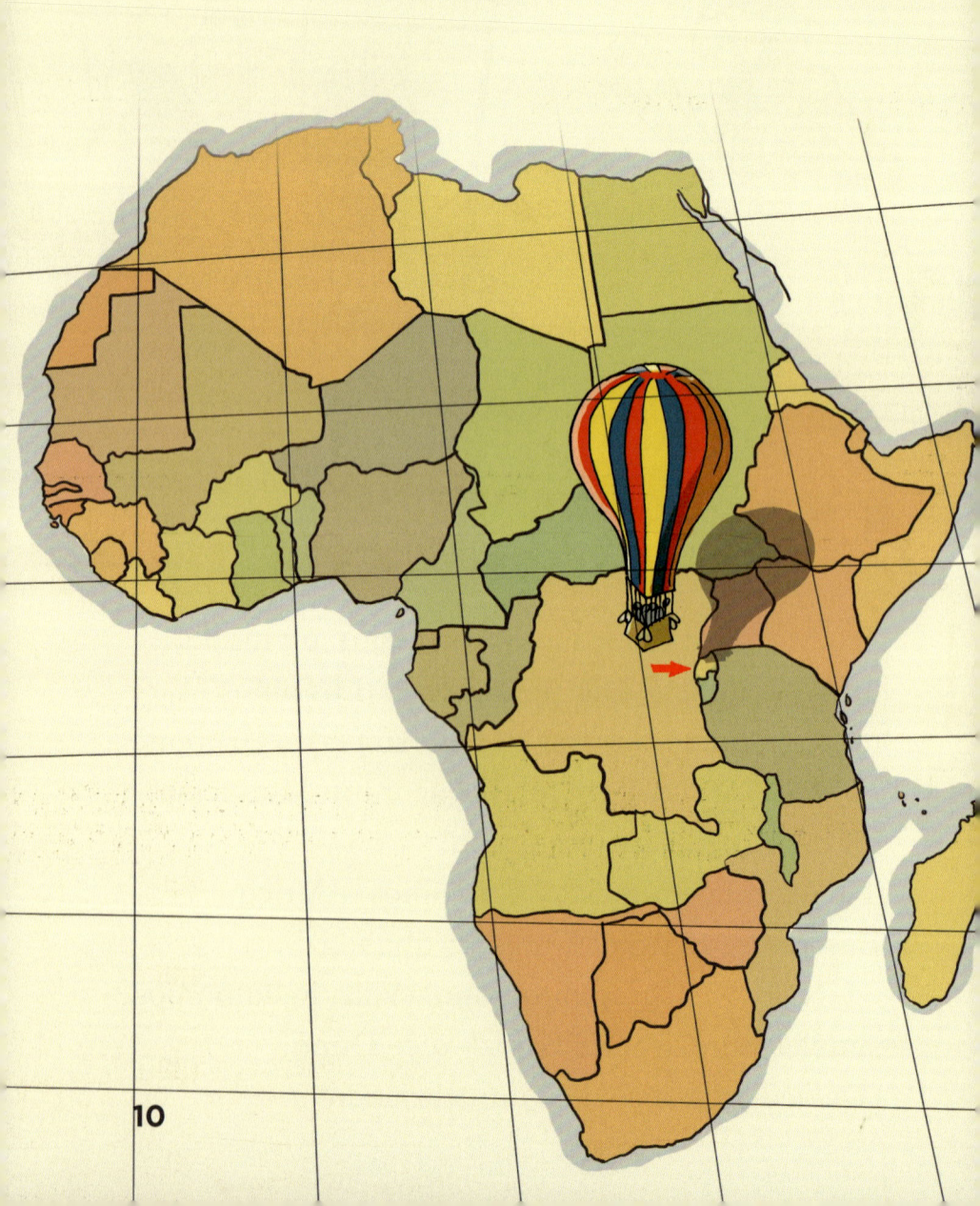

«Oh, un chimpancé» exclama Jaime. «¡Y también bebés de chimpancé!», dice Dana, «¿No son preciosos?». «¡Grrrr!» gruñe Gruñón. Cree que en los árboles pueden vivir solo los pájaros. «¿Qué hacen esos chimpancés en el árbol? ¡Son unos tontos!» piensa Gruñón. «¡Vamos, tenemos prisa!» dice tío Manuel.

Ven a una mujer. «Hola», dice Dina, «¿Cómo te llamas?».

«Me llamo Winnie. ¿Adónde váis?», pregunta la mujer.

«Buscamos un árbol Umusurirabakonzi. El Rey Kambogo está enfermo y necesita un trozo de corteza del árbol. ¿Nos ayudas?», pregunta tío Manuel. «¡Claro!», dice Winnie, «Vamos, por aquí».

¡Los niños se divierten mucho en la selva! Dina y Dana saltan de un árbol a otro, y Gruñón intenta también saltar, ¡pero no está contento! Javier saca fotos a las arañas, a las serpientes, a las hormigas y a los monos.

▶ 3   En la verde selva
qué bien se está,
con hormigas y serpientes
los monos van a jugar.

En la verde selva
qué divertido es
sacar fotos y saltar
con las manos y los pies.

4 Después de dos días de camino, Winnie señala un árbol. «¡Ahí está!», dice. Pero ya hay dos hombres junto al árbol. ¡Son los dos hombres malvados! Tienen una gran motosierra.

«¡Oh, no! ¡Esos hombres van a cortar nuestro árbol Bakonzi!» dice Jaime. Pero tío Manuel dice: «¡No, un momento!». Tío Manuel sonríe. Winnie también sonríe.

Los hombres empiezan a cortar el árbol pero de pronto se detienen. «¡PUAJ! ¿QUÉ ES ESTE HORRIBLE OLOR? ¿Tú?», pregunta un hombre. «¿Yo? ¡Yo no! ¡Eres tú!», dice el otro hombre. «Seguro que eres tú. Pero… ¡oh, no! ¡es el árbol! ¡Corre!».

Los hombres corren y corren. Winnie se ríe: «¡Ja, ja, ja! Umusurirabakonzi significa árbol del mal olor, ¡y realmente huele muy, muy mal cuando lo cortas!». Los niños también ríen.

Tío Manuel corta un pequeño trozo de corteza, con mucho cuidado.

Tío Manuel, Winnie y los niños vuelven al árbol donde está el globo. Están cansados y Gruñón… ¡Gruñón gruñe mucho! Dina y Dana huelen las flores y hablan con los animales. ¡Pero él no quiere! Winnie mira a Gruñón y sonríe.

«¡Ahí está el árbol de los chimpancés!», dice Dina.
«¡Hola, chimpancés!», dice Dana.
«¡Ahí está nuestro globo!», exclama Javier.

De pronto los hombres malvados salen de detrás del árbol. «Queremos la corteza. ¡El Rey Kambogo no va a tener la corteza!» dicen los hombres. Tío Manuel esconde la corteza detrás de su espalda.

Los chimpancés lanzan fruta a uno de los hombres. Winnie rompe la jarra en la cabeza del otro hombre. «Rápido. ¡Todos al árbol!», grita tío Manuel a los niños.

22

Tío Manuel sube al árbol con Gruñón. Winnie regala una hoja a Gruñón. «Adiós, Winnie. ¡Muchas gracias!» dice tío Manuel. Dina y Dana abrazan a los bebés chimpancé. «Gracias», dicen.

«ADIÓS», gritan todos. «¡Adiós, Winnie! ¡Adiós, chimpancés!», y el globo sube hasta el cielo. Los hombres malvados están muy enfadados. ¡Saltan y saltan furiosos!

Tío Manuel y los niños van a ver al Rey Kambogo. ¡Gruñón también, está en la mochila! El Rey Kambogo mete la corteza en un vaso de agua, ¡y bebe todo el vaso!

Ahora está bien. ¡Ahora puede hablar en la tele y salvar la Selva Nyungwe!

«¡Gracias! ¡Muchas gracias!» dice el Rey Kambogo. «Tengo una pregunta. Esta hoja es un regalo de Winnie para Gruñón. ¿Qué es?», pregunta tío Manuel.

El Rey Kambogo mira la hoja y sonríe. «Es para el dolor de cabeza… ¡y para no ser gruñón!».

5 Versión karaoke

Páginas de actividades

1 Mira esta imagen de la historia. Lee las frases de abajo. Escribe *antes* si la frase dice algo que pasa antes de la imagen. Escribe *después* si la acción pasa después.

1. Tío Manuel corta un pequeño trozo de corteza del árbol. _después_
2. Tío Manuel y los niños conocen a Winnie. _antes_
3. Los chimpancés lanzan fruta a uno de los hombres malvados. _____
4. Tío Manuel y los niños van a Ruanda. _____
5. Jaime saca fotos a los animales de la selva. _____
6. Los hombres malvados corren y corren. _____
7. Winnie va con tío Manuel a buscar el árbol Umusurirabakonzi. _____
8. Tío Manuel, los niños y Gruñón van a ver al Rey Kambogo al hospital. _____

2 Elige una letra de cada árbol para completar la canción.

En la verde selva
qué bien se está,
con __h o r m__ igas y se__ __ __ __ __ ntes
los __ __ __ __ __s van a jugar.
En la verde selva
qué di__ __ __ __ __ido es
sacar f__ __ __ __ __ y saltar
con las __ __ __ __ __s y los __ __ __ __ __.

3 Une cada frase con su personaje.

¿Adónde váis?

¡No, un momento!

¿Yo? ¡Yo no! ¡Eres tú!

¡Hola chimpancés!

4 Busca la tercera persona (él/ella) del presente de estos infinitivos. Rodea las hormigas con verbos irregulares.

erdicel

decir _dice_

nhabladrs

hablar _____

vasespo

ser _____

savivelu

vivir _____

alquiereunti

querer _____

fesvienebaz

venir _____

ortescuchaje

escuchar _____

murcortawas

cortar _____

iñabebeto

beber _____

jutienetec

tener _____

30

5 Usa los verbos irregulares del ejercicio 4 para completar estas frases.

1 Hoy tío Manuel __viene__ a mi casa para hablar de la Selva.
2 Gruñón no _____ ir a África con tío Manuel y los niños.
3 La hoja _____ un regalo de Winnie para Gruñón.
4 «¡El Rey Kambogo está en el hospital!» _____ tío Manuel.
5 Uno de los hombres malvados _____ una gran motosierra.

6 Escribe las frases.

1 ¡EsoshombresvanacortarnuestroárbolBakonzi!
   ¡Esos hombres van a cortar nuestro árbol Bakonzi!
2 EsamismatardetíoManuelvaavisitaralReyKambogo.
   _____
3 TienesqueiralaSelvaNyungwe.
   _____
4 Tenemosqueayudarasalvarlaselva.
   _____

7 Imagina y dibuja un árbol con una forma o un olor especial. Inventa un nombre para él y escribe cómo es.

Este es el árbol _____ . Es _____

_____

_____

8 ¿Te gusta la historia?
Dibuja tu cara y elige una frase.

- ¡Me encanta!
- ¡Me gusta!
- Me gusta bastante
- No me gusta